Prix : 20 centimes..

# LE CLAN DES BONAPARTE

## LE

# SIEUR LOUIS BONAPARTE

## SA VIE ET SES CRIMES

### PAR LE CITOYEN VINDEX

> Ville que l'infamie et la gloire ensemencent,
> Où du forçat pensif le fer tond les cheveux,
> O Toulon ! c'est par toi que les oncles commencent
>     Et que finissent les neveux.
> Va, maudit ! ce boulet, que dans les temps stoïques
> Le grand soldat, sur qui ton opprobre s'assied,
> Mettait dans les canons, de ses mains héroïques,
>     Tu le traîneras à ton pied !
>
> (VICTOR HUGO, Châtiments.)
>
> Non, coquin ; le charnier des rois t'est interdit ;
> Non, tu n'entreras point dans l'histoire, bandit !
> Haillon humain, hibou déplumé, bête morte,
> Tu resteras dehors et cloué sur la porte.
>
> (VICTOR HUGO, Châtiments.)

### PROLOGUE

L'exécrable personnage, dont nous entreprenons d'esquisser la vie malfaisante, a creusé une trace profonde dans notre époque. En disparaissant de la scène publique, il laisse une longue traînée de boue sanglante. La France, hélas ! ne se purifiera pas en un jour de la bave venimeuse que l'atroce scélérat dégorgea sur elle durant son funeste règne.

Il serait nécessaire d'écrire des volumes pour raconter en détail les intrigues honteuses du tyran qui nous broya dix-huit ans sous sa botte. Ses vices monstrueux, ses crimes innombrables sont de telle nature que la plume rebelle veut être contrainte pour les buriner sur le bronze de l'histoire.

Nous aurons le courage d'exécuter cette œuvre de haute justice. Il faut que le peuple connaisse dans toute sa hideur le lugubre histrion qui se fit saluer si longtemps des titres de *Sire*, de *Majesté*, d'*Empereur*. Il faut que le baladin soit complétement démasqué. Nous le traînerons donc tout nu au pilori, et nous montrerons quelles laideurs morales voilaient ses oripeaux princiers. Mensonge, luxure, vol, assassinat, parjure, toutes les scélératesses réunies en cet homme. Ses forfaits principaux, encadrant son ignoble existence, s'énoncent par des noms désormais historiques : ils s'appellent, pour la postérité, Strasbourg, Boulogne, Sedan, le Deux Décembre ! Folie, lâcheté, trahison, couronnées par le traîtreux égorgement du Droit.

Certes, une pareille besogne est répugnante ; mais, après l'avoir faite, nous nous laverons les mains.

### I

#### LE BÂTARD.

Charles-Louis-Napoléon Bonaparte naquit à Paris le 20 avril 1808. Sa mère, Hortense de Beauharnais, femme de Louis Bonaparte, roi de Hollande, ne cohabitait guère avec le mari auquel on l'avait imposée. Néanmoins, lors de son dernier accouchement, elle avait enrichi déjà la famille impériale de plusieurs enfants, dont deux portaient le nom de Bonaparte, quoiqu'il fût impossible de justifier la légitimité de leur provenance ; mais la volonté du maître avait accompli ce prodige d'écarter de leur front, en faisant plier la loi, le stigmate de bâtardise.

Quant à celui qui nous occupe, il n'était pas plus que les autres le fils du roi de Hollande. Le jour où il vint au monde, il y avait deux ans qu'Hortense avait vu son mari. Par contre, on nommait quantité d'amants auxquels la prostituée royale s'était livrée sans vergogne. Il était de notoriété publique qu'elle avait eu des rapports adultères avec Napoléon I<sup>er</sup>, avec MM. de Flahaut, Verhuel, de Forbin, de Turpin-Crissé, etc., etc., etc. Quel sang s'était mêlé au sien dans cette procréation nouvelle ? Bien habile qui le pourrait deviner.

Toutefois, elle crut avoir des motifs sérieux d'attribuer à l'amiral hollandais Verhuel ce troisième fruit de sa merveilleuse fécondité, offert au foyer conjugal. Tel fut aussi, paraît-il, l'opinion du père putatif, devenu plus tard en France membre de la Chambre haute. En effet, quand le ridicule conspirateur de Boulogne comparut, en 1840, devant la Cour des pairs, non-seulement Verhuel se récusa, mais il écrivit une lettre pleine d'émotion paternelle à l'un des ministres de Louis-Philippe, implorant grâce de la vie pour le coupable.

Malgré l'éclat des débauches de la mère, on inscrivit pompeusement l'enfant sur le registre impérial. On l'affubla du nom de Bonaparte. Son odieuse carrière débuta par un mensonge légal. Il fut prince, il fut

altesse, le bâtard mâtiné de hollandais et de créole. Tout devait être faux en cet homme, tout, jusqu'à son état civil !

L'enfance de Louis Verhuel-Beauharnais s'écoula à Paris. Son père prétendu, Louis Bonaparte, un honnête homme égaré dans la famille corse, ayant abdiqué sa couronne, sollicita une séparation de corps avec l'impudique Hortense. Il l'obtint seulement au moment où l'Europe coalisée brisait le trône de l'Homme de Brumaire.

Hortense et son fils durent partir pour l'exil. La France, souillée par elle et ses pareils, ne supportait plus la présence de ce clan infâme, qui s'était engraissé de son sang et de sa sueur. Ils se réfugièrent successivement en Savoie, en Suisse, dans le grand-duché de Bade. Enfin, ils se fixèrent à Augsbourg, en Bavière.

Louis Verhuel-Bonaparte avait montré de bonne heure les plus mauvais instincts. Ses déplorables penchants se développèrent avec l'âge. A douze ans, sa mère lui donna pour précepteurs Philippe Lebas et l'Italien Armandi. Les soins de ces deux hommes furent impuissants à réformer ce caractère naturellement dépravé.

L'adolescent suivit les cours du gymnase allemand, où il multiplia les preuves de son excessive médiocrité et de son incomparable entêtement.

Sept ans plus tard, Louis Verhuel-Beauharnais quittait l'Allemagne avec sa mère, après avoir contracté cet accent tudesque dont il lui fut impossible de se corriger entièrement dans la suite. Les deux émigrants s'établirent pour l'été au charmant château d'Arenenberg, dans le canton de Thurgovie, sur les bords du lac de Constance.

S'étant fait naturaliser Suisse, Louis Bonaparte entra à l'école d'artillerie de Thoun et affecta des goûts militaires.

L'hiver, Hortense et son fils habitaient l'Italie. A Rome, le bâtard hollandais, présenté au pape, reçut ses bénédictions et des promesses de future grandeur. Les chefs du clergé catholique excellent dans l'art d'accueillir les princes, les titres de ceux-ci fussent-ils plus que suspects. On ne sait pas ce qui peut arriver, et il est toujours bon de ménager la chèvre et le chou. Comblé des faveurs cléricales, Louis Bonaparte se rendit à Florence, où il se distingua par de misérables aventures.

Elevé par des incrédules, le jeune homme méprisait également toutes les religions ; mais doué déjà d'une rare hypocrisie, il feignait un respect sincère pour les comédiens coiffés d'une mitre ou d'une tiare.

Nulle imposture n'étonnait cette âme basse, prête à prendre tous les masques pour atteindre à la jouissance. S'ébaudir à tout prix, largement, royalement, jusqu'à satiété, il ne voyait pas d'autre but à la vie.

Durant son séjour dans la capitale de la Toscane, le fils d'Hortense s'éprit d'une grande dame dont la beauté égalait la noblesse. Il la fatigua quelque temps de ses hommages, obstinément repoussés. Désespérant de réussir par les moyens ordinaires, il inventa un plan de sa façon.

M. Bonaparte pénétra dans la garde-robe de sa mère, dépouilla ses vêtements masculins, et se travestit de la manière suivante : sur son buste, il ajusta un corset, passa une robe, se farda les joues, couvrit sa tête d'un chapeau de femme et se munit d'un énorme bouquet.

Ainsi costumé, l'ingénieux soupirant se dirigea vers la demeure de l'objet de sa flamme.

Arrivé au seuil de la maison, il fut arrêté par le concierge.

— Que voulez-vous ? interrogea brusquement le portier.

— Je suis fleuriste ; Madame m'attend. J'apporte les fleurs qu'elle m'a demandées.

On introduisit le drôle sans plus d'informations. Mais, au premier coup d'œil, la Florentine recula en s'écriant :

— Quelle monstrueuse fille !

Le déguisement du bâtard hollandais avait augmenté sa laideur naturelle.

Voyant que cette polissonnerie tournait mal, l'amoureux s'avisa d'un autre expédient. Etant au cœur de la place, il ne pouvait lâcher prise sans épuiser toutes ses ressources. Se jetant soudain aux pieds de la dame, il lui déclara sa passion et tenta de saisir la blanche main qu'on ne lui présentait pas.

La Florentine, prise de dégoût et d'horreur, évita l'immonde contact, courut à une sonnette et ordonna d'appeler son mari.

Le maître de la maison, informé de l'audacieuse intrusion et des prétentions du faux prince, saisit une canne avec laquelle il frotta de son mieux le dos de l'impudent. Ensuite, il le recommanda chaleureusement à un valet qui le jeta à la porte, avec accompagnement de certaines caresses où le pied joue le principal rôle.

M. Bonaparte s'enfuit au plus vite, sans se faire prier davantage. Mais la foule, ameutée par le laquais, le poursuivit de ses sifflets et le reconduisit à son logis avec des acclamations qui flattaient mal sa vanité.

Le soir, tous les salons de Florence, instruits de cette escapade grossière et bête, riaient à gorge déployée. Le lendemain, on ne saluait plus l'adroit séducteur que du nom de *fleuriste bâtonnée*.

Blessé au dernier point des cruelles railleries qu'on lui décochait, le sire résolut de se relever dans l'opinion de la société florentine. Il provoqua en duel le mari qui l'avait si rudement étrillé, comptant bien sur un refus. Quoique élève d'artillerie en Suisse, le fils d'Hortense avait déjà contracté l'habitude de ménager sa peau. Il redoutait les balles, et cette peur ne l'a jamais quitté.

Il va sans dire que notre homme manqua au rendez-vous. Pourtant il s'y fit remplacer par un billet conçu en ces termes :

« Les pleurs, les supplications de ma » mère ne me permettent pas de donner » cours à mes ressentiments. »

Les témoins, les hommes de cœur, conspuèrent cette insigne lâcheté. Devenu la fable de la ville, Louis Bonaparte fut obligé de s'éloigner.

Peu de temps après cette équipée dont le dénoûment avait peu servi à la réputation du fils d'Hortense Beauharnais, éclatait à Paris la Révolution de 1830. Le bâtard hollandais et son frère aîné accoururent en France, se flattant de pêcher en eau trouble. Ayant été remerciés, ils s'embarquèrent pour les Romagnes, publiant partout qu'ils allaient se battre pour la liberté italienne.

Le frère de Louis Bonaparte mourut de la fièvre à Forli. Pour lui, s'étant sauvé à Ancône, il y tomba malade de frayeur. Sa mère, l'ayant rassuré, le fit habiller en laquais et l'emmena en France. Mais le gouvernement de Juillet l'invita à quitter le pays et lui accorda l'aumône d'une somme d'argent pour gagner l'Angleterre.

L'aventurier perçait sous le bâtard. Déjà ceux qui l'approchaient pouvaient reconnaître en lui le bandit croisé de chevalier d'industrie.

## II

### A STRASBOURG.

Après avoir séjourné quelque temps à Londres, Louis Verhuel-Bonaparte revint au château d'Arenenberg, dépensant sa vie à courir les filles et à s'exercer dans l'art de Franconi.

Le duc de Reichstadt, fils de Napoléon, étant mort, le bâtard hollandais songea à revendiquer la succession de celui qui avait porté le sobriquet de Napoléon II. Aucune idée de gloire, aucune grande pensée ne l'incitait à tenter l'aventure. Il n'aspirait qu'à d'impériales bombances, à faire de tout un peuple le pourvoyeur de ses plaisirs.

Dans ce but, il se mit en rapport avec

des chefs militaires et des patriotes. Aux uns il se présenta comme l'héritier de l'oncle mort à Sainte-Hélène ; aux autres, comme partisan résolu des idées démocratiques et même socialistes. De cette manière il mettait deux cordes à son arc, donnait à son nom un retentissement considérable et prenait position pour le cas de certaines éventualités.

Vers la fin de 1834, il se lia avec un ancien sous-officier de hussards, nommé Fialin, exclu des rangs de l'armée pour cause d'erreurs trop graves dans la comptabilité. *Qui se ressemble s'assemble*, dit le proverbe. L'amitié des deux personnages démontra une fois de plus la vérité de cet adage. M. Fialin, qui se titrait comte de Persigny, s'empara sur-le-champ de l'esprit du prétendant. A dater de cette époque, M. Bonaparte se montra plus retenu envers ceux de ses anciens amis qui appartenaient à l'opinion franchement républicaine. Fialin devint l'âme d'une conspiration qui, tout en essayant d'entraîner les sociétés démocratiques qu'elle leurrait de l'espoir d'un appel au peuple, restait particulièrement militaire, c'est-à-dire impérialiste.

Le fils d'Hortense Beauharnais résidant à Arenenberg, Strasbourg fut désigné pour être le point de départ de l'insurrection. Fialin travailla les officiers de la garnison et en gagna plusieurs à la cause de son patron. L'un des principaux, le colonel Vaudrey, commandant du 4e régiment d'artillerie, répondit de ses soldats.

Le 29 octobre 1836, Louis Bonaparte arriva à Strasbourg. Ayant convoqué chez M. Fialin les chefs du complot, tous militaires, il leur distribua les rôles.

La garnison de la ville se composait de deux régiments d'artillerie, le 3e et le 4e, du bataillon des pontonniers et de trois régiments d'infanterie, le 16e et le 46e de ligne et le 16e léger.

Le 30 octobre, à quatre heures du matin, les officiers qui devaient suivre le prétendant se réunirent dans un local situé à deux cents pas du quartier d'Austerlitz, qu'occupait le 4e d'artillerie.

A six heures, le colonel Vaudrey fit sonner le rassemblement de son régiment. Quand ces hommes, surpris de cet appel inaccoutumé, eurent formé le carré, on prévint M. Bonaparte.

Le bâtard hollandais se mit en marche, à la tête des conjurés. Il était vêtu d'un uniforme d'artillerie : habit bleu, collet et passepoils rouges. Il portait des épaulettes de colonel, les insignes de la Légion d'honneur, un chapeau d'état-major et pour arme un sabre de cavalerie.

Il s'avança avec assurance au milieu des troupes et alla droit au colonel Vaudrey, qui se tenait seul au centre du carré. Ce dernier, tirant son sabre, ordonna de porter les armes et s'écria :

« Soldats du 4e d'artillerie, une révolu-
» tion commence en ce moment, sous les
» auspices du neveu et du fils adoptif de
» l'empereur Napoléon ; ce prince est de-
» vant vous et vient se mettre à votre
» tête ; il arrive sur le sol de la patrie pour
» rendre au peuple ses droits usurpés, à
» l'armée la gloire que son nom rappelle,
» à la France ses libertés qu'on mécon-
» naît ; il compte sur votre courage, sur
» votre dévouement et sur votre patriotisme
» pour accomplir cette grande et glorieuse
» mission. Soldats ! votre colonel a ré-
» pondu de vous. Répétez donc avec lui :
» Vive la liberté ! vive Napoléon ! »

Les soldats répondirent par le cri de *Vive l'empereur !*

Alors le prince, prenant la parole, prononça cette allocution, de son plus bel accent tudesque, et avec le bredouillement qui lui est ordinaire :

« Zoltats ! abbelé en Vranze bar un té-
» budation tes filles et tes karnissons te
» l'Esd, et réssolu à faingre ou à mourir
» bour le kloire et le liperdé tu beuble
» vranzais, z'est à fous les bremiers gue
» ch'ai foulu me bréssender, barze gu'en-
» dre fous et moi il eksiste te krands zou-
» fenirs ; z'est tans fodre réchiment que
» l'embereur Naboléon, mon ongle, ser-
» fit gomme gabidaine ; z'est afeg fous
» qu'il z'est illusdré au zièche te Dou-
» lon, et z'est engore fodre prafe réchi-
» ment qui lui oufrit les bordes te Kreno-
» ple au redour te l'île t'Elpe.
» Zoltats ! te nouvelles tesdinées fous
» zont résserfées : à fous le kloire te gom-
» menzer un krante endrebrise, à fous
» l'honneur te zaluer les bremiers l'aikle
» d'Auzderlidz et de Fakram. »

Saisissant l'aigle que portait un des officiers, il ajouta, en la présentant à tous les regards : « Zoltats, foizi la zympole te le
» kloire vranzaise, tesdiné tessormais à
» tefenir auzi l'emplème te le liperdé. Ben-
» tant guince ans il a gontuit nos bères à
» le figdoire ; il a prillé sur dous les jamps
» te padaille ; il a draferzé doudes les ga-
» bidales te l'Eurobe. Zoltats ! ralliez-fous
» à ze nople édendard ; che le gonfie à fo-
» dre honneur, à fodre gourache. Marjons
» enzemble gondre les draîdres et les ob-
» brezeurs te le badrie aux gris te : Fife le
» Vranze ! fife le liperdé ! »

Les soldats applaudirent de confiance, bien que ce langage leur parût étrange. Mais ils étaient en Alsace, et leurs oreilles avaient pu se familiariser, dans une certaine mesure, avec l'intonation allemande.

Les officiers des pontonniers et ceux du 3ᵉ d'artillerie coururent à leurs casernes pour informer leurs hommes de l'événement et les conduire au quartier général de la division. C'est là que se dirigeait déjà la grande colonne, guidée par le fils d'Hortense Beauharnais, le colonel Vaudrey, le commandant Parquin et une quinzaine d'officiers.

Parvenus chez le général Voirol, chef de la division, ils le firent prisonnier et le laissèrent à la garde du commandant Parquin.

Les conjurés marchèrent ensuite sur le quartier de la Finckmatt, où était caserné le 46ᵉ d'infanterie. A l'apparition du cortége, qui se présentait aux cris de : *Vive l'empereur !* beaucoup de soldats se précipitèrent dans la cour, en répétant les mêmes acclamations.

Mais il était écrit que, ce jour-là, l'étoile du prétendant serait une étoile filante, grâce au lieutenant Pleignier, qui ramena au devoir les soldats du 46ᵉ. Cet officier intelligent leur persuada que le soi-disant prince n'était qu'un misérable aventurier.

D'autres officiers survinrent. Le 46ᵉ, rentré sous la discipline à la voix de ses chefs, arrêta l'effronté coquin qui s'essayait à l'escamotage d'une couronne. Plusieurs complices du bâtard furent traités comme lui, sans que les artilleurs pussent l'empêcher.

Cette affaire devait être soumise à la Chambre des pairs; mais le gouvernement, jugeant que le chef de l'entreprise avait agi sans beaucoup de discernement, et qu'il y avait, dans sa tentative, plus de folie que de raison, décida que le sieur Bonaparte serait transporté en Amérique.

Le 9 novembre, à huit heures du soir, le préfet et le général Voirol vinrent prendre l'aventurier dans sa prison de Strasbourg et le firent monter dans une voiture, qui le mena rapidement à Paris. On l'avait confié à la garde de deux officiers de gendarmerie et de cinq sous-officiers. Il ne vit, dans la capitale, que M. Delessert, préfet de police, qui lui apprit l'acte de clémence dédaigneuse dont il était l'objet. De plus, Louis-Philippe, qui le savait dénué de tout, lui faisait cadeau de vingt mille francs.

Le monsieur ne put retenir sa joie, et témoigna sa reconnaissance.

Quelques jours plus tard, on l'embarquait à Lorient pour les Etats-Unis.

Louis Bonaparte choisit pour résidence la ville de New-York et s'installa dans un hôtel garni. Avec ses goûts, les 20,000 fr. de Louis-Philippe furent promptement dépensés. A bout de ressources, il dut, pour assouvir ses convoitises furieuses, fréquenter les lupanars de bas-étage, où il s'enivrait avec de grosses filles de joie.

« On le vit, tour à tour, *souteneur* de trois maisons de prostitution, dit un auteur parfaitement informé (1). Sa besogne consistait à défendre les intérêts de la matrone et les prix du tarif contre les visiteurs récalcitrants, quand sonnait le *quart d'heure de Rabelais.*

» C'est ainsi qu'il payait, là, ces ribauderies avec de crapuleuses charmeresses. Mais, sous les aiguillons d'une ivresse immonde, il imposait à ces *dames* de telles exigences qu'on l'envoya bénéficier ailleurs de son industrie.

» Le scandale de ses rixes et de ses dissolutions le conduisit une douzaine de fois dans une des cellules de la vieille prison du parc, aujourd'hui détruite.

» Pendant les derniers mois de son séjour à New-York, il avait presque élu domicile chez une femme dont il exploitait les prostitutions.

» Un soir, il était plus ivre que de coutume ; un *délit,* de la compétence des tribunaux correctionnels, fut commis dans la chambre voisine de celle où la pauvre courtisane vendait son corps. Soupçonné d'en être l'auteur, M. Louis Bonaparte revit sa cellule de la vieille prison. Une flétrissure judiciaire le menaçait; il adressa une piteuse requête à un avocat, — maintenant éditeur du *Brookly Daily Advertiser,* — afin qu'il essayât de le justifier et de le soustraire aux conséquences de sa mauvaise action.

» — Nous supposions peu, écrivait naguère cet honorable avocat, nous supposions peu, à cette époque, que le jeune homme débauché, qui fut notre client (*et qui nous doit encore le prix de nos conseils, les frais et les déboursés de son affaire*), deviendrait empereur de France. Nous croyons néanmoins que la réalisation de ses espérances ambitieuses ne fera que hâter l'arrêt terrible évidemment suspendu sur sa tête. »

En quelques mois, le bâtard hollandais avait réussi à scandaliser New-York, la plus grande ville de l'Amérique, par l'infamie de sa conduite. Il eût probablement fini là-bas, par delà l'Atlantique, dans quelque pénitencier ou sur le gibet, sans la nouvelle que sa mère, Hortense Beauharnais, touchait à ces derniers moments. Ce couronnement de sa carrière eût été vraiment *providentiel.* La France, l'Eu-

(1) STELLI, *Nuits de Saint-Cloud.*

rope, eussent échappé aux maux que leur à causés ce bandit.

Il s'arracha donc aux ignobles exploits que nous venons de retracer, pour retourner en Suisse, au château d'Arenenberg. Son attentat de Strasbourg avait appelé sur lui l'attention publique. Le gouvernement de Louis-Philippe acheva niaisement de lui faire une notoriété en s'effarouchant de sa présence près de nos frontières. Il réclama avec menaces son éloignement du canton du Thurgovie.

Pour échapper à l'expulsion, M. Bonaparte ne rougit pas de faire soutenir par ses amis qu'il n'était plus Français, qu'il était citoyen de Thurgovie, et qu'à ce titre la France ne pouvait exercer aucun droit contre lui.

Néanmoins, il dut partir et se réfugier à Londres. Là, il se signala encore, toujours, par sa conduite insensée, honteuse, infâme. On le vit parader en histrion au ridicule tournoi d'Eglington, étaler chaque soir sa nullité parmi les dandies du balcon de Drury-Lane. M. de Girardin le jugeait sévèrement alors dans son journal *la Presse* : « Il ne sait recommander son nom, disait-il, que par des exploits dignes tout au plus d'un journal de modes. Il n'est pas même un chef de parti, il n'en est que la caricature. »

### III

#### DE BOULOGNE AU FORT DE HAM.

Le vil baladin, qu'une fiction légale avait doté du nom de Bonaparte, ne renonçait pas à ses projets de restauration impériale. On publia sous sa signature un livre intitulé : *les Idées napoléoniennes*. Les ambitieux qui spéculaient sur lui pour monter aux honneurs, à la fortune, s'efforçaient de le mettre en relations avec l'aristocratie anglaise, afin de donner ainsi à leur fantoche le relief qu'il ne pouvait acquérir par lui-même. Il fallait faire du bruit autour de cet homme, et on sonnait la grosse caisse. On alla jusqu'à intéresser le tsar moscovite au succès de ses plans ultérieurs.

Le gouvernement de Juillet ne tarda pas à fournir à l'aventurier une excellente occasion de recommencer la tentative de Strasbourg. Au mois de mai 1840, le cabinet, présidé par M. Thiers, présenta à la Chambre des députés un projet de loi tendant à obtenir un crédit spécial pour la translation des cendres de Napoléon Ier, à l'église des Invalides, et pour la construction d'un tombeau à l'Homme de Brumaire.

L'idée était grotesque, pour ne rien dire de plus, et il appartenait bien à M. Thiers de la produire. Ce nain de foire, encore aujourd'hui l'oracle de la haute bourgeoisie, ce bavard intarissable et vaniteux, croyait bêtement consolider le monarchisme orléaniste en faisant ramener de Sainte-Hélène les restes de Celui qui avait assassiné la première République et conduit à la mort, sur les champs de bataille, trois millions d'hommes.

La proposition du ministère fut accueillie, et une frégate partit pour aller chercher la triste dépouille du plus grand criminel des temps modernes, si M. Louis Bonaparte n'avait existé.

Le bâtard hollandais saisit la balle au bond; convaincu que le moment ne serait jamais plus propice à refaire l'empire, il résolut de se montrer. Des uniformes d'officiers généraux furent confectionnés. On se procura des habits de soldats français dont les boutons portaient le numéro 42, celui-là même d'un régiment tenant garnison dans le voisinage du port de débarquement. Tout fut disposé pour organiser immédiatement la force armée et un nouveau gouvernement. On avait préparé des proclamations aux habitants du Pas-de-Calais, au peuple français, à l'armée.

La pièce suivante mérite entre toutes d'être citée :

« Le prince Napoléon, au nom du peu-
» ple français, décrète ce qui suit :
» La dynastie des Bourbons-Orléans a
» cessé de régner; le peuple français est
» rentré dans ses droits; les troupes sont
» déliées du serment de fidélité; la Cham-
» bre des pairs et la Chambre des députés
» sont dissoutes.
» Un congrès national sera convoqué
» dès l'arrivée du prince Napoléon à Paris.
» M. Thiers, président du conseil, est
» nommé à Paris président du gouverne-
» ment provisoire.
» Le maréchal Clausel est nommé com-
» mandant en chef des troupes rassem-
» blées à Paris.
» Le général Pajol conserve le com-
» mandement de la première division mi-
» litaire; tous les chefs de corps qui ne se
» conformeront pas sur-le-champ à ses
» ordres, seront remplacés.
» Tous les officiers, sous-officiers et sol-
» dats qui montreront énergiquement leur
» sympathie pour la cause nationale, se-
» ront récompensés d'une manière écla-
» tante au nom de la patrie.
» Dieu protége la France !
»                 » Signé : NAPOLÉON.
» Boulogne, août 1840. »

Le 3 août, à minuit, Louis Bonaparte

s'embarqua à Margate avec MM. Montholon, Laborde et Voisin, sur le bateau à vapeur, le *Château d'Edimbourg*, qui devait les transporter sur les côtes de France, accompagnés d'une cinquantaine d'hommes dévoués et munis d'uniformes français. En débarquant le 6, vers deux heures du matin, à Wimereux, les premiers furent reçus par un poste de douaniers qui se laissèrent prendre au récit d'un événement de mer et à l'uniforme des conjurés. Bientôt les douaniers durent céder à la force. On essaya de les corrompre, mais ils restèrent fidèles, et furent emmenés prisonniers par le cortége.

La colonne se mit en marche, ayant à sa tête le futur empereur vêtu de la redingote grise et du petit chapeau traditionnel. Un aigle vivant, apprivoisé de longue main, voletait au-dessus de lui, affriandé par un morceau de lard qui garnissait le fond du couvre-chef. Les populations crédules ne pouvaient manquer de s'incliner devant l'oiseau *providentiel*.

A quatre heures, la troupe entrait à Boulogne, dans le quartier d'infanterie où se trouvaient deux compagnies du 42e de ligne. Les soldats, les sous-officiers descendirent et se rangèrent en bataille.

Louis Bonaparte leur débita son petit boniment, et tous répondirent par le cri de *vive Napoléon! vive l'Empereur!*

Déjà les aventuriers s'étaient rendu maîtres des autorités, quand le capitaine Col-Puygellier, du 42e, s'élança dans la caserne avec les lieutenants Maussion et Ragon. Les amis du prétendant l'entourèrent, le conjurant de laisser agir les soldats. Il se débattit entre leurs mains et s'écria :

— Assassinez-moi, ou je ferai mon devoir !

Alors, le sieur Louis Bonaparte, affolé de peur, perdit la tramontane. Il tenait à la main un pistolet chargé, qu'il déchargea au hasard. La balle alla frapper un grenadier, dont elle fracassa la mâchoire.

Aussitôt après ce bel exploit, les aventuriers, suivis de quelques curieux attirés par le bruit, se dirigèrent vers l'Hôtel-de-Ville. Cependant on battait la générale dans la place; la troupe, la gendarmerie, les douaniers, la garde nationale accouraient en armes. Le coup était manqué, et il ne restait plus aux conjurés qu'à regagner leur embarcation. Mais, espérant encore entraîner la foule, par un dernier effort, ils marchèrent à la colonne élevée sur la plage à la gloire de la Grande-Armée.

Cette illusion fut promptement dissipée. La force publique arrivait de toutes parts, guidée par les autorités. Les soldats et la garde nationale se développèrent pour cerner les perturbateurs. Ceux-ci, apercevant une barque échouée sur le rivage, s'en emparèrent, la mirent à flot, et y firent monter le héros du jour, avec MM. Voisin, Mésonan, Galvani, Fialin, d'Hunin, Faure et quelques autres.

Pendant que les fugitifs s'efforçaient de pousser au large leur embarcation, la garde nationale leur tira quelques coups de fusil. Plusieurs furent atteints par les balles, et même l'un des aventuriers tomba, mortellement frappé. Les blessés, en s'affaissant, firent chavirer le canot. Louis Bonaparte plongea, reparut à flot, et nagea vivement vers le paquebot anglais, mouillé près de là. Le commandant du port, qui le poursuivait, parvint à le repêcher, et le ramena prisonnier, ainsi que ses complices.

L'aigle, tout dépenaillé, eut la même fortune que son maître. La malheureuse bête fut dispensée de voler de clocher en clocher jusqu'à Notre-Dame.

Le bâtard hollandais fut conduit au château de Ham, et l'instruction de son procès commença. Traduit devant la Cour des pairs, il fut condamné « à l'emprisonnement perpétuel dans une forteresse située sur le territoire continental du royaume. »

Dans les premiers jours d'octobre, M. Bonaparte fut transféré au fort de Ham, pour y subir sa peine.

La prison du prétendant n'était pas trop rigoureuse. Il lui était permis de recevoir quelques visites et même d'adresser des articles, qui passaient pour être de son crû, aux journaux de la circonscription. Le curé de Ham, M. Tirmache, cultiva ce nouveau paroissien, le trouva charmant et vanta son respect pour la religion. L'abbé avait du flair : plus tard, son pénitent le fit évêque et commensal des Tuileries.

Mais ces distractions ne suffisaient pas à l'ancien souteneur des maisons de tolérance de New-York. La privation irritait ses désirs ; il lui fallait des femmes !

Des pourvoyeurs se présentèrent; il les chargea de battre pour lui les buissons, afin d'en faire lever quelque gibier. Ils finirent par remarquer, dans la boutique d'un sabotier de la ville une jeune fille assez jolie. Au portrait qu'on lui traça de cette enfant, le captif s'enflamma jusqu'à la fureur et voulut, à tout prix, la posséder.

Ses agents, ayant pris des informations, surent que la situation du sabotier n'était pas brillante, il s'en fallait : la ruine menaçait son humble foyer, et il était sur le point d'être exproprié. M. Bonaparte jugea la partie belle. Un riche marchand de fer, dévot et conservateur, un *honnête* homme enfin, consentit à se charger de négocier l'affaire. Voisin du sabotier, il lui offrit de le sauver d'une catastrophe imminente, moyennant le déshonneur de sa fille. Le sabotier céda. « Mais, dit l'auteur du *Mariage de César*, la jeune fille opposa d'abord à ses propositions honteuses un refus indigné. Le diplomate ne se rebuta pas, et les négociations continuèrent.

» Cependant, le bruit de ce hideux marché s'était répandu au dehors ; la ville en fit le sujet de ses entretiens railleurs. Répétant la scène des gamins de Paris, les habitants de Ham se disaient, d'une porte à l'autre : *la petite ira* ; — *elle n'ira pas* ; — *elle ira*, etc.

» Les jours s'écoulent, et l'heure de l'expropriation va sonner. Circonvenue, obsédée par son père et par les entremetteurs, la fille du sabotier se rend à l'autel du sacrifice. « *Je l'ai déniaisée*, » disait cyniquement Louis Bonaparte à ses amis ; un mois plus tard : « *Je la dresse.* » Et les lèvres du *professeur de morale* se mouillaient d'une voluptueuse sérosité.

» Le père infâme racheta sa maison ; on le cita comme un des *bons* et des plus religieux citoyens de Ham.

» Le marchand de fer fut reçu en ami chez le *sauveur* de la société, » le béni des prêtres et de la bourgeoisie.

La fille du sabotier devint mère de deux enfants, que leur père a gratifiés de riches apanages et décorés du titre de comte, dans ces dernières années.

Au bout de six ans de prison, en 1846, Louis Verhuel-Bonaparte s'échappa du château de Ham, sous les habits d'un ouvrier plâtrier, appelé BADINGUET. Le peuple adopta ce nom pour désigner le héros de Strasbourg et de Boulogne, l'assassin du 2 Décembre, le voleur infâme, l'immonde bandit qui a livré la France à l'étranger.

De retour à Londres, le bâtard d'Hortense Beauharnais reprit sa vie d'autrefois. Il y connut la maîtresse avec laquelle il devait garder le plus longtemps des rapports *sérieux*. Elle se nommait Elise, et se fit appeler ensuite Miss Howard.

Cette femme « doit le jour à un marinier de la Tamise. Elle prostituait ses charmes, moyennant trois schellings, sur les trottoirs de Londres. Le marin Sampaïo était son amant de cœur.

» Un aventurier, chevalier du brelan, escroc fort habile, Jack-Young Fitz-Roy, acheta quelques heures à cette charmeuse publique ; il la trouva merveilleusement dressée dans l'art des Messalines : en réglant un peu cette imagination lascive, il en fit une Laïs propre à ses spéculations de joueur adroit et heureux.

» Jack-Young Fitz-Roy venait de gagner à un pari quelques mille guinées ; aussitôt il achète deux poneys fringants et un riche coupé. Elise, élégamment vêtue, faisait dans cet équipage des promenades à Hyde-Park. Sa beauté attirait de nombreux galants autour d'elle. Sous l'inspiration de Fitz-Roy, la courtisanne invitait ses adorateurs à des soirées où l'on jouait un jeu d'enfer, et où les cartes biseautées procuraient au maître du logis des bénéfices énormes.

» Il fallait, cependant, qu'Elise, pressée de faire un choix parmi ces nobles lords qui vidaient si chevaleresquement leurs poches sur son tapis vert, se décidât à jeter son mouchoir. Fitz-Roy lui avait recommandé de ne se donner qu'au prix de vingt-cinq mille francs : lord Clebden offrit les mille livres sterling, et Laïs ôta ses voiles.

» Louis Bonaparte était l'un des familiers de la maison de Fitz-Roy ; coûte que coûte, il voulait posséder la divinité du lieu. Elise, par sa résistance, irritait les impétueux désirs du monsieur ; enfin Jack l'engagea à satisfaire une passion que n'arrêtait aucun sacrifice. En échange du paradis où la sirène le transporta, Louis Bonaparte n'hésita pas à donner la dernière maison qu'il possédât, et dont la valeur était de deux cent mille francs.

» Louis Verhuel-Bonaparte s'attacha irrésistiblement à l'ancienne raccoleuse, qui le dévirilisait ; auprès d'elle, l'œstre de Vénus le piquait sans cesse (1). »

Le bâtard hollandais épuisait ses dernières ressources. Réduit à la portion congrue, il dut se confiner dans une modeste chambre, à Panton-Hôtel. Au mois d'avril de cette année, par un hasard étrange, Gustave Flourens, le vaillant républicain, occupait cette pièce.

Afin d'entretenir les seuls talents qu'il eût cultivés, M. Bonaparte se fit inscrire dans la police anglaise et reçut, comme insigne de son grade, le bâton de constable.


## IV


### LE SERMENT A LA RÉPUBLIQUE.


Le héros de Strasbourg et de Boulogne, le limier de la police britannique qui traquait les chartistes, l'ignoble personnage que ses mœurs effroyables dénonçaient à la réprobation générale dans les deux mondes et à la vindicte des tribunaux, était littéralement aux abois dans les premiers jours de

(1) Stelli.

l'année 1848. Perdu de dettes, incapable de gagner honnêtement sa vie, ses créanciers le menaçaient de la prison. On nous a montré, à Londres, le marchand de tabac où il se fournissait et qu'il oubliait toujours de payer.

Il n'avait plus nul moyen de continuer son existence débauchée et de satisfaire ses goûts abjects quand la Révolution de février éclata. Il l'accueillit comme un coup *providentiel*. Avec son mépris profond pour les hommes, M. Bonaparte comptait bien exploiter à son profit la victoire du peuple et se tailler dans la République un manteau impérial.

N'ayant plus ni sou ni maille, il décida Miss Howard, qui partageait ses espérances, à emprunter soixante mille francs sur la maison dont il lui avait fait présent.

Ainsi muni pour faire face aux premiers frais de l'entreprise, il s'embarqua avec la prostituée britannique et Jack-Young Fitz-Roy. Ce dernier, avec ses habiletés de joueur, devait travailler pour la bande et renouveler, au besoin, les munitions de la campagne.

A son arrivée à Paris, il lança Fialin, son fidèle Achate, le confident de toutes ses basses œuvres ; il s'entendit avec Morny, son frère utérin et adulterin, né d'Hortense et de Flahaut, un viveur de la pire espèce. Il groupa autour de lui une multitude de gens tarés, ruinés, ambitieux et prêts à tous les exploits malhonnêtes pour monter à la fortune.

Quelques républicains furent trompés. D'autres, mettant l'orgueil au-dessus des principes, se rallièrent à l'aventurier en se flattant de gouverner sous lui.

Nul n'ignorait son incapacité politique. *Le Constitutionnel* s'écriait : « Le prince » Louis Bonaparte est un imbécile, c'est » pourquoi nous avons confiance en lui. » La plupart savaient combien étaient courtes les vues de cette intelligence dégradée par la débauche. Mais beaucoup ne soupçonnaient pas ses talents de coupeur de bourse, ses habitudes d'escarpe, ses appétits d'assassin embusqué au coin d'un bois.

Nommé plusieurs fois à l'Assemblée nationale, le sieur Bonaparte feignit de refuser le mandat législatif. En le priant d'accepter, on faisait du bruit autour de son nom. C'était là ce qu'il voulait, et il joua merveilleusement cette petite comédie.

Enfin, il entra à l'Assemblée comme pour céder au vœu du peuple. La première fois qu'il y parut, il monta à la tribune, où son air gauche, son attitude grotesque, provoquèrent les rires des tribunes. Ce fut bien pis quand il ouvrit la bouche pour parler.

Il lut, en balbutiant, un pâle discours où il protestait de son dévouement démocratique et jurait fidélité à la République.

Les hommes d'expérience ne se laissèrent pas prendre à ces belles déclarations et continuèrent à se défier du bâtard hollandais. D'aucuns remarquèrent plaisamment que le Bonaparte de contrebande ne pouvait même prononcer correctement le nom de République ; il avait, en effet, crié : Fife la Ripipligue !

Dès lors, les associés de l'aventurier s'occupèrent activement de populariser son nom. Par la presse et par la parole, ils le prônèrent sur tous les tons. Un misérable saltimbanque politique qu'on ne saurait trop flétrir, le sieur Emile de Girardin, leur vendit son journal; lui qui s'était écrié, quelques années auparavant, que le fils de l'ex-reine de Hollande n'avait pas plus de cœur que d'esprit, le vanta comme un personnage recommandable et chauffa sa candidature à la présidence.

Les partisans de M. Bonaparte profitèrent avec une astuce infernale des divisions qui régnaient dans la République. Les partis monarchiques terrorisaient les campagnes avec le spectre rouge. On représentait aux paysans les démocrates comme des gens de sac et de corde. Les bonapartistes enchérirent encore. Aux paysans qu'on n'avait pas su concilier à la République, ils disaient : — il faut un maître, sans quoi ça n'ira jamais bien !

Et, au 10 décembre, les paysans élurent ce maître en désignant le sieur Bonaparte pour la présidence de la République.

M. Bonaparte se rendit à l'Assemblée pour l'investiture solennelle.

Dans la séance du 20 décembre 1848, l'Assemblée nationale, en vertu des articles 47 et 48 de la Constitution :

Proclama le citoyen Charles-Louis-Napoléon Bonaparte président de la République française, depuis ledit jour jusqu'au deuxième dimanche du mois de mai 1852.

Le citoyen Armand Marrast, président, donna lecture de la formule du serment, laquelle était ainsi conçue :

« En présence de Dieu et devant le Peuple français, représenté par l'Assemblée nationale, je jure de rester fidèle à la République démocratique, une et indivisible, et de remplir tous les devoirs que m'impose la Constitution. »

Le citoyen Charles-Louis-Napoléon Bonaparte, la main levée, dit : JE LE JURE !

Le citoyen Marrast, au nom de l'Assemblée qu'il préside, prend acte du serment qui vient d'être prêté.

Le président de la République prononça ensuite le discours dont nous transcrivons les premières phrases :

« Citoyens représentants, dit-il.

» Les suffrages de la nation et le serment que je viens de prêter commandent ma conduite future. *Mon devoir est tracé ;* JE LE REMPLIRAI EN HOMME D'HONNEUR.

» JE VERRAI DES ENNEMIS DE LA PATRIE DANS TOUS CEUX QUI TENTERAIENT DE CHANGER, PAR DES VOIES ILLÉGALES, CE QUE LA FRANCE ENTIERE A ÉTABLI.

» Entre vous et moi, citoyens représentants, il ne saurait y avoir de véritables dissentiments ; nos volontés, nos désirs sont les mêmes.

» Je veux, comme vous, rasseoir la société sur ses bases, affermir les institutions démocratiques et rechercher tous les moyens propres à soulager les maux de ce peuple généreux et intelligent qui vient de me donner un témoignage si éclatant de sa confiance. »

Le sire devait tenir d'une étrange façon ces promesses jurées à la face du monde. Embusqué dans le pouvoir comme un assassin de grande route dans un bouquet de bois, il ne songeait qu'à guetter l'occasion d'égorger son serment avec la République.

Ce succès si prompt et qui dépassait ses espérances, grisa le personnage. Dans la dignité qu'on lui avait conférée, il ne vit qu'une candidature à l'empire. Installé à l'Elysée-National avec miss Howard et le reste de sa clique, il se hâta de s'habiller en général pour se présenter à l'armée. Il commença à organiser une police formidable. En cette science, il était passé maître, l'ayant étudiée à Londres, dans les bas-fonds de la société anglaise.

Appointé à six cent mille francs par an, un beau chiffre pourtant, il dévora en peu de mois ce riche traitement. L'Assemblée dut lui voter un supplément d'égale somme. Néanmoins, avant la fin de l'année, il avait absorbé ces fonds et contracté des dettes. Les opérations de Bourse, les spéculations véreuses engagées par ses agents, quoique très-productives, ne suffisaient pas, jointes à l'argent de l'Etat, à ses énormes dépenses.

Tant que les créanciers patientèrent, il se contenta de jouir. Elu pour trois ans, il avait du temps devant lui, et il l'employa conformément à ses instincts pervers. L'Elysée devint un lupanar. L'insatiable luxure du maître mettait sur les dents les pourvoyeurs officiels.

Miss Howard, qui touchait à son automne, contentait mal les désirs brûlants de son amant. Mais, en personne prudente, elle supportait avec résignation ses infidélités quotidiennes, achetait un hôtel dans la rue du Cirque, un château à Beauregard et plaçait de fortes sommes en Angleterre. En bonne mère, ne devait-elle pas user de prévoyance en faveur des enfants qu'elle avait eus de M. Bonaparte ?

Avant d'être premier ministre, M. Fialin exerçait au palais de l'Elysée les fonctions de proxénète : il préparait l'empire ! Enervant son maître par l'abus des plaisirs, il calculait déjà les trésors que lui rapporteraient ses infâmes services.

Cette bande de misérables, qui s'était abattue sur la France comme sur une proie, n'avait pas même la pudeur de voiler ces infamies. Elle les accomplissait en plein jour.

Un matin, vers dix heures, deux membres de l'Assemblée législative se présentèrent à l'Elysée. Ils désiraient recommander au président le département de la Loire, ravagé par une terrible inondation.

Introduits dans un salon d'attente, ils y rencontrèrent M. Fialin et une vieille duègne. Au bout d'une demi-heure, la porte des appartements de Louis Bonaparte s'ouvrit, et il en sortit une jeune fille de quinze ans, gracieuse, le visage empourpré, qui rejoignit la duègne.

Les deux représentants furent admis auprès du *prince.* Ils le trouvèrent exténué par le travail auquel il venait de se livrer, l'œil terne, le teint plus bistré encore que d'habitude. Le sire balbutia quelques mots incohérents pour souhaiter la bienvenue aux visiteurs.

L'un des représentants, prenant la parole, exposa l'objet de la requête.

— Oui, oui... murmura le sieur Bonaparte, dont la figure exprimait l'hébétement... oui, je sais... une inondation... j'ai vu cela en Suisse.

Et il retomba épuisé sur son fauteuil, sans pouvoir ajouter un mot.

Fialin se hâta d'intervenir, pour atténuer l'attitude de son maître.

— Messieurs, fit-il, soyez sûrs que Monseigneur n'oubliera pas votre recommandation.

— Non, non, certainement, je ne l'oublierai pas, répéta machinalement Bonaparte.

Les députés se retirèrent en souriant malignement.

— La petite était jolie, dirent-ils en sortant à Fialin, par manière de commentaire.

Le valet ne répondit pas.

Les orgies de l'Elysée engloutissaient des sommes prodigieuses. L'Assemblée refusait des subventions nouvelles. Les usuriers n'accordaient plus de crédit. M. Bonaparte vendit ses chevaux, mais ne put combler l'abîme ouvert sous ses pieds par des folies continuelles.

En outre, le terme de son mandat approchait. Il y réfléchit un jour, et cela le rendit sérieux.

En restaurant le pape à Rome, en maintenant au Vatican le consécrateur suprême de toutes les tyrannies, Bonaparte s'était assuré les sympathies du clergé. Il voyageait beaucoup dans les départements, flattait les évêques, parlait pieusement de la religion du Christ et se faisait de la réputation chez les dévots.

D'autre part, ses affidés sillonnaient les campagnes, insinuant au paysan que si, chaque dimanche, il ne pouvait mettre la poule au pot, c'était la faute aux Républicains. L'empire ouvrirait au peuple les portes de la Terre-Promise.

Aux yeux de l'armée, on faisait briller les faveurs princières, les avancements rapides, l'augmentation de la paie.

Et prêtres, villageois, soldats, formèrent des vœux pour la chute de la République, pour le rétablissement du pouvoir impérial.

Quand les choses en furent là, Bonaparte réunit ses amis en conciliabule, pour concerter avec eux le guet-apens où la République devait être égorgée.

Avec Fialin et Morny, l'homme aux scandaleux déportements, on appela à l'Elysée Leroy, dit Saint-Arnaud, « l'ex-garde du corps, réformé sans traitement pour cause d'indélicatesse et d'improbité ; ex-pensionnaire de Clichy, qui détourna de l'honneur et du devoir la femme d'un prisonnier; ex-figurant d'un théâtre de la banlieue de Paris; ex-surveillant de la duchesse de Berry au château de Blaye; ex-courtisan de tous les princes et de la Révolution de Février; noté, dans son régiment et au ministère, comme un officier paresseux, joueur, débauché, criblé de dettes anciennes et nouvelles, coureur de tripots; » si bien qu'à la fin de la présidence la justice ouvrait sa main pour le saisir : le besoin d'argent le poussait au crime.

M. Maupas, un grec renommé, fut associé au complot.

Une nuit de décembre, celle du 1er au 2, par les ordres du sieur Bonaparte, les membres de la représentation nationale furent arrêtés comme des malfaiteurs et jetés à Mazas. La Constitution, la loi fondamentale du pays, que le sinistre bâtard avait juré de défendre, fut abolie. Avec les vingt-cinq millions volés à la Banque de France, il fit enivrer les troupes qui remplissaient Paris et ordonna l'assassinat.

Il fut admirablement servi.

Le sale Morny avait pris possession du ministère de l'intérieur.

Le vil Maupas occupait la préfecture de police.

Un autre scélérat, Saint-Arnaud, commandait au ministère de la guerre.

Ce dernier avait sous ses ordres une horde de sacripants : Magnan, Canrobert, Carrelet, etc., etc., tous pourvus d'une situation supérieure dans l'armée et prêts à se ruer aux massacres.

Pendant que le mauvais coup s'exécutait, Bonaparte se tenait prudemment à l'Elysée, les pieds sur les chenets, l'oreille dressée, blême et tremblant. Une voiture attelée l'attendait dans les jardins du palais, en cas de revers. Le lâche eût abandonné ses complices sans aucune hésitation. Toutefois, il avait fait passer ce billet à Saint-Arnaud :

« Brûlez Paris s'il le faut! »

Après trois jours de lutte inégale soutenue par le peuple justement exaspéré, le crime triompha. Le fils de la raccrocheuse Hortense lava ses mains rouges du sang des femmes, des enfants, des vieillards qu'il avait fait égorger, reçut les félicitations du clergé, et put payer ses dettes. Le glaive sur la gorge de la nation, il se décerna la dictature.

D'atroces vengeances furent exercées sur ceux qui avaient résisté au crime ou qui étaient seulement soupçonnés de le condamner. Les arrestations se firent en masse, et cent mille familles furent plongées dans le deuil parce que M. Bonaparte voulait jouir paisiblement du fruit de son attentat sauvage. Les conseils de guerre furent appelés à statuer sur le sort des prétendus coupables.

Le bandit qui venait de voler la souveraine puissance, voulut donner tout de suite la mesure entière de son infernal génie. Il étonna même le vice et le crime.

En ces jours lugubres et d'horrible mémoire, « d'innombrables femmes attendaient le passage du dictateur afin de lui remettre des pétitions en faveur de leurs fils, ou de leur mari, ou de leur père. Louis Bonaparte, un matin, remarqua près des Tuileries une femme jeune et belle; il prit gracieusement le placet qu'elle lui présenta. Le lendemain, la pétitionnaire recevait avis que le *prince* lui accordait une audience pour s'entretenir avec elle de l'objet de sa demande. Heureuse et rayonnante d'espoir, elle se rend au palais : il s'agissait de la liberté de son mari. Le *prince* l'accueille avec bonté, l'interroge sur sa position, sa famille, ses intérêts compromis : il est disposé à la clémence. La jeune épouse tressaille de joie. Tout à coup la scène change : à la faveur qu'on peut accorder on met un prix infâme. Une vive rougeur empourpre les joues de la mère de famille, l'indignation lui dicte une réponse hardie ; Bonaparte insiste et se rapproche de sa victime, qui le repousse et le menace. Il eut peur. La femme quitta ce mauvais lieu. Son mari, ouvrier distingué, fut envoyé à Lambessa, et, le soir même, le *Moniteur* annonçait que le *prince* ne recevrait plus les femmes des détenus (1). »

## V

### LE FESTIN DE L'EMPIRE.

Le sanglant gredin qui avait escamoté si odieusement le pouvoir pendant une nuit de décembre, n'avait point osé, du premier coup, se faire sire et empereur. Il se contenta d'abord d'une dictature décennale, des titres d'altesse impériale, de monseigneur.

Les journaux opposants ayant été supprimés, toute voix indépendante réduite au silence par la fusillade, l'échafaud ou l'exil, les partisans de l'*auguste* scélérat eurent seuls la parole. Ils portèrent aux nues l'assassin qui les payait ; clergé, haute bourgeoisie, se vautrèrent dans la fange où reposaient les pieds du misérable. Les populations, stupéfaites, crurent qu'il les avait sauvées.

Afin de battre le fer encore chaud, son altesse parcourut les départements, escortée par une nuée d'agents de police sous tous les déguisements qui provoquaient les acclamations sur son passage et stimulaient l'enthousiasme public. Il ne fallait pas moins que ces expédients, car l'aspect du personnage, malgré ses broderies et son chapeau à plumes, n'avait rien d'imposant. Gauche, disgracieux, long de buste, court de jambes, le regard équivoque, M. Bonaparte ne différa jamais, dans sa tenue, du bambocheur vulgaire, du noceur farouche capable de tuer son père et sa mère pour allonger son orgie.

Jugeant que cette tournée ne suffisait pas pour atteindre le but suprême de ses efforts, Badinguet ordonna d'organiser la découverte d'un complot contre ses jours.

On s'empressa d'obéir : lors du voyage de M. Bonaparte à Marseille, le préfet de police annonça qu'il avait mis la main sur une abominable conspiration dont les auteurs ne se proposaient pas moins que de foudroyer, à l'aide d'une machine de leur invention, le président et son escorte.

On arrêta deux individus, mouchards préparés d'avance à cet ignoble rôle ; mais

(1) Stelli.

il se trouva que les coupables prétendus s'étaient échappés.

Il n'en fut pas moins constant pour le plus grand nombre qu'on avait attenté à la vie du chef de l'Etat, afin d'arriver au pillage et à la ruine de la société. Avec ces grands mots, on était sûr d'effrayer les paysans et les bourgeois crédules.

Le sieur Louis Bonaparte marchait à grands pas au rétablissement formel de la monarchie. A Bordeaux, il déclara que *l'Empire c'était la paix.*

A son retour à Paris, le sinistre histrion se fit assurer l'exploitation de la France à perpétuité. A l'aide d'un plébiscite de sa façon, obtenu par la fraude, il fut sire, majesté, empereur.

Le clergé s'égosilla à chanter des *Te Deum*, le pape le proclama l'oint du Seigneur ; le monde corrompu de la finance, les voleurs, les agioteurs, se réjouirent de ce succès d'un de leurs pareils.

Cependant les tyrans de l'Europe répugnèrent à recevoir dans la famille des princes le nouveau venu. Ses titres ne leur paraissaient pas suffisants. Il ne descendait pas d'une longue suite d'ancêtres repus du sang du peuple. M. Bonaparte allégua que l'oncle pouvait bien compter pour dix, et on le reconnut. Toutefois, le tsar de Moskovie, le bourreau de la Pologne, qui alors donnait le ton aux rois, décida qu'on ne le traiterait pas de frère.

L'aventurier, mécontent, résolut d'épouser une femme de race royale. Il tenta la chose en Suède, en Allemagne, partout où il crut avoir chance de réussir. Mais partout, jusque chez les principicules germaniques, il essuya d'humiliants refus.

M. Bonaparte, furieux de ces déconvenues, jura de s'en venger d'une manière éclatante. Mais, en attendant l'heure de punir ceux qui l'avaient méprisé, « il donne à ses courtisans le signal des fêtes joyeuses. Compiègne et Fontainebleau sont le théâtre d'*amusements incroyables*, empruntés aux bacchanales de la régence ou de Louis XV. L'auteur du 2 Décembre et ses complices boivent à longs traits à la coupe des jouissances. *Le jubilé des amours* se célèbre avec toutes ses pompes et ses œuvres. On jette à pleines mains l'or de la France. Mathilde exprime le regret d'avoir oublié une robe à Paris : aussitôt le galant cousin fait un geste, et un convoi spécial va quérir à toute vapeur le cotillon de la *gente dame.* L'oncle s'occupait du Théâtre-Français à la lueur de l'incendie de Moscou, le neveu peut bien s'occuper d'une robe au bruit des fanfares d'une chasse à courre : la proportion y est.

« Voyez le colonel Fleury, couché sur un divan : il retire de ses poches ses mains pleines d'or, le répand sur le parquet avec une noble indolence, et en disant d'une voix enrouée par le vin qu'il a bu :

» — Pour moi, l'or n'a pas plus de valeur que la boue.

» Ecoutez Fialin :

» — Le luxe ne peut avoir d'autre ennemi que l'envie.

» Et le chœur des Laïs, encourageant ce gaspillage effronté des trésors que produit si péniblement la sueur du peuple, s'écrie :

» — Buvons à la renaissance *providentielle* du luxe !

» Soudain, les belles *aspirantes*, qui se connaissaient en agaceries pour attirer les regards de Sa Majesté, se précipitent vers une table dont les vastes flancs portent mille objets d'or enrichis de pierres précieuses. Les Lucrèces plongent tour à tour leurs chastes mains dans l'ouverture profonde : l'une en retire des bracelets où le rubis et l'émeraude se marient artistement; l'autre, un collier de perles entouré de riches ciselures; celle-ci, des boucles d'oreille formées de deux solitaires étincelants; celle-là, un collier de diamants qui scintillent au feu des bougies. Les splendides joyaux arrachent aux courtisanes, qui les essaient, des cris d'admiration et de joie.

» Mais l'heure est venue... Alerte! les bougies s'éteignent; une obscurité propice enveloppe les longs corridors; les parties de cache-cache sont engagées.

» Rires inextinguibles, baisers mystérieux, gémissements fugitifs, soupirs alanguis, plaintes expirantes.....

..... » Enfin, les bruits ont cessé; les couples se désunissent; chacun se retire et craint d'être vu. Celui-ci a son pantalon déchiré ou son habit tout blanchi; celle-là, sa robe arrachée ou sa coiffure défaite. »

« Le lendemain, ô comble de l'hypocrisie! on lisait dans les journaux officiels :

« Pour la première fois depuis vingt-deux » ans, les églises de Paris ont été ouvertes » pendant la nuit du 24 au 25 décembre. » C'est là un noble exemple donné par le » gouvernement. En outre, tous les bals » ont été interdits.

» L'empereur a assisté à la sainte messe. » Sa piété a édifié la cour (1). »

Quelques mois plus tard, M. Bonaparte, dont les princes repoussaient l'alliance, épousa une fille espagnole dont les chroniques scandaleuses s'étaient beaucoup occupées.

Miss Howard dut se retirer. Avant de s'éloigner, elle porta ce jugement sur son heureuse rivale :

« Si mon amant avait pu s'allier à quel» que fille de maison souveraine, je me se» rais résignée. En présence de son ma» riage avec une fille comme il y en a tant, » je m'indigne. J'avais plus de titres que la » Montijo. La différence entre elle et moi, » c'est que j'ai marché ouvertement dans » le chemin du vice, et qu'elle cherche à » dissimuler sa conduite passée; elle prend » des peines incroyables pour faire croire » à sa vertu, et tout le monde en doute. »

Le mariage du bâtard hollandais ne mit pas un frein à ses débauches. Chacun connaît ses amours avec la petite comtesse italienne, et tout Paris s'est amusé de l'enlèvement dont le sire faillit être victime dans une de ses entrevues nocturnes avec la belle pécheresse. Piétri, l'oncle du dernier préfet de police de l'empire, intervint à temps pour sauver son maître de cet immense ridicule. Combien l'Europe eût ri si M. Bonaparte, soufflé au milieu d'une bonne fortune, eût été expédié hors de notre frontière, et quels malheurs nous eussent été épargnés; c'eût été providentiel !

Outre les innombrables courtisanes appelées à l'honneur de partager la couche impériale, le sire eut une maîtresse attitrée, Marguerite Bellanger. A cette femme il prodigua des sommes énormes. Une nuit qu'il s'était rendu chez elle, à son hôtel des Champs-Elysées, on le rapporta mourant à Eugénie, tant on lui avait prodigué de caresses.

Il eut l'audace d'emmener une fois avec lui, à Vichy, cette femme préférée ; mais la population des eaux fit un accueil narquois à la sultane : elle affecta de crier sur son passage : Vive l'impératrice !

Au fait, celle-ci valait bien l'autre, à coup sûr.

Marguerite Bellanger eut un fils de son amant. Craignant, sans doute, quelque rivalité, plus tard, entre l'enfant de la concubine et le fils scrofuleux de la Montijo, Bonaparte fit écrire au premier président Devienne, par Marguerite, la lettre suivante :

« Monsieur,

» Vous m'avez demandé compte de mes relations avec l'empereur, et quoi qu'il m'en coûte, je vais vous dire toute la vérité. Il est terrible d'avouer que je l'ai trompé, moi qui lui dois tout ; mais il a tant fait pour moi que je vais tout vous dire. Je ne suis pas accouchée à sept mois, mais bien à neuf. Dites-lui bien que je lui en demande pardon. J'ai, monsieur, votre parole d'honneur que vous garderez cette lettre.

» Recevez, monsieur, l'assurance de ma considération distinguée.

» M. BELLANGER. »

(1) Stelli.

De pareilles choses se passent de commentaires. Durant ses dix-huit ans d'empire, le sieur Louis Bonaparte interrompit à peine l'ignoble festin où il dévorait la France pour l'expédition coûteuse et sans résultat de Crimée, l'expédition d'Italie entreprise pour échapper au poignard des carbonari, qu'il avait trompés; l'expédition coupable et honteuse du Mexique.

Cette dernière aventure, que le sieur Rouher appelait effrontément à la tribune « la plus grande pensée du règne, » n'avait pour but que de faire gagner une vingtaine de millions au méprisable Morny et de favoriser les plus honteuses spéculations des favoris.

Qu'on ne croie pas que nous ayons exagéré en exposant les polissonneries ignominieuses du malfaiteur qui nous exploita si longtemps; nous avons seulement noté en passant les principales. Ses amis eux-mêmes les avouaient avec une incroyable cynisme. On a entendu le marquis de Boissy dire en plein Sénat « que l'empereur n'était pas assez prudent avec les femmes, et qu'il suppliait en grâce Sa Majesté, par amour pour sa personne, de ne point exposer sa vie en se mettant à la merci de la première drôlesse venue. »

## VI

### L'HOMME DE SEDAN.

Le sieur Louis Bonaparte, avec une astuce infernale, avait tenté de faire du peuple français cette chose abjecte qu'on appelle un esclave. Police, clergé, magistrature, fonctionnaires innombrables, tout cela avait été formé soigneusement pour réaliser les plans abominables du maître; tout cela faisait de son mieux, et M. Bonaparte croyait avoir réussi.

Mais la grande nation a le tempérament robuste. Le poison impérial n'avait pu atteindre les sources de la vie. Un jour, au 4 Septembre, prise d'un immense dégoût, elle a vomi l'auguste scélérat qui, après l'avoir saignée à blanc, voulait la prostituer à l'étranger.

Nous ne rappellerons pas les débuts de la guerre. Chacun les connaît par le menu. Le mensonge, comme toujours, avait joué son rôle. Le sieur Louis Bonaparte ne connaissait pas à la parole une autre destination que de déguiser la pensée. Le prédécesseur de l'ambassadeur actuel d'Angleterre ne l'ignorait pas, et prononça, un jour, à ce sujet, un mot fort piquant.

Lord Cowley, dans une circonstance assez grave, avait eu une longue entrevue avec M. Bonaparte. Lorsqu'il fut de retour, un de ses amis l'interrogea :

— Eh bien ! que vous a dit l'empereur ;

— Mais rien, fit lord Cowley.

— Comment, rien! mais vous l'avez vu?

— Oui , certainement ; pendant une heure.

— Il vous a parlé?

— Non; cet homme ne parle pas, il MENT toujours !

Au moment où il engageait la France dans cette série de désastres dont elle n'a point encore triomphé, le misérable commençait à subir la peine de ses crimes. Le vice l'avait frappé de ses plus honteux stigmates : des taches marbrent sa peau puante, une pustule lui ronge la jambe, le satyriasme mord ses reins, une maladie de vessie brise ses forces.

Quoi qu'il en soit, il partit pour la guerre avec son fils, qui devait y recevoir le baptême du feu dans le ridicule engagement de Sarrebruck. Bientôt l'incapacité du sieur Bonaparte éclata d'une façon terrible. Il persista néanmoins jusqu'au bout à commander en chef, et ordonna, le 2 septembre, la capitulation à jamais ignominieuse de Sedan, qui livrait toute une armée française à l'ennemi.

Voici ce que raconte là-dessus un journal :

« Quoique très fatiguées et même découragées par une lutte de trois jours contre des forces supérieures, *les troupes ne pensaient aucunement à se rendre.* La concentration dans l'intérieur de Sedan était une opération désastreuse. Toutefois, il restait une force de 60,000 hommes au moins (en en défalquant les fuyards qui s'étaient débandés pendant l'action de tous côtés, et notamment sur la Belgique, et, avec cette force, *on pouvait encore espérer de faire une trouée à travers l'ennemi.*

» A quatre heures, on aperçut un drapeau blanc qui s'agitait au sommet d'un des monuments de la ville. D'abord on crut que c'était un drapeau d'ambulance. Mais les soldats remarquèrent qu'il n'y avait point de croix rouge, et que, de plus, la hampe était tenue par un cent-garde. Plus de doute, l'empereur demandait à capituler. En même temps, les clairons sonnaient pour arrêter le feu; mais rien n'y faisait : les soldats tirèrent à peu près encore une heure et demie. Quant aux officiers, la plupart se tenaient à l'écart, désespérés et pleurant en silence. Généreuses et vaillantes larmes, que le patriotisme a arrachées, et qui condamnent cette trop prompte capitulation.

» La capitulation fut signée : toute l'armée enfermée dans Sedan était déclarée purement et simplement prisonnière de guerre; elle devait défiler devant les Prussiens pour rendre les armes; les officiers seuls étaient autorisés à garder leur épée.

» La désolation qui, à cette nouvelle, s'empara des soldats, est indescriptible. Ils préñaient fusils, sabres et baïonnettes et les brisaient eux-mêmes dans la rue. Pendant trois quarts de lieue, on marchait sur ces héroïques débris, encore noirs des traces d'une lutte opiniâtre.

» Un sous-officier d'artillerie prit un marteau de forgeron et fracassa les mitrailleuses de sa batterie. Il resta encore aux Prussiens 90 batteries intactes. »

M. Bonaparte savait parfaitement n'être point préparé à la guerre. Un mémoire, trouvé aux Tuileries, le constate. Mais, de même qu'il avait commis le crime de décembre, pour payer ses dettes et exploiter le pays, au profit de ses bas instincts, de même il se jeta dans l'aventure qui nous coûte tant de sang et de larmes.

Une feuille anglaise, le *Daily-News*, explique parfaitement toute cette odieuse affaire.

« Pendant ces dernières années, la liste civile de Bonaparte n'avait pas suffi aux dépenses extravagantes de sa cour, à ses largesses envers ses créatures et aux frais du service secret qu'il était obligé d'entretenir, afin de conserver l'amour de ses sujets pour l'impérialisme. Environ cinquante millions de francs étaient donc annuellement enlevés au ministère de la guerre pour être remis à l'empereur.

» Ce détournement était dissimulé par des achats d'approvisionnements qui figuraient dans les comptes sans avoir jamais été opérés et par l'absorption des fonds qui étaient versés dans la caisse militaire par les jeunes gens tombés dans la conscription et qui devaient servir à leur procurer des remplaçants.

» Les régiments qui nominalement figuraient pour 2,000 hommes, n'en contenaient que 1,500. Le prix des remplaçants et les frais supposés de leur entretien étaient détournés pour la liste civile.

» Lorsque l'empereur fut obligé, il y a quelques mois, de céder au cri qui réclamait le gouvernement parlementaire, il savait que la législature à venir compterait des constitutionnels en si grand nombre que, même en présence d'une majorité impérialiste, le scandale des fraudes viendrait au jour. Donc, il ne lui restait qu'une chance à tenter, la guerre.

» Une campagne heureuse pouvait mettre de côté le gouvernement parlementaire; ou, si cela n'était pas possible, le déficit en hommes et en matériel pourrait être mis sur le compte de la guerre. Le maréchal Lebœuf espérait que, même avec des forces bornées, une seule victoire gagnée amènerait une paix glorieuse.

» Il était, avec les adhérents personnels de l'empereur, dans le secret, mais ils étaient tous également compromis, et ils sentaient bien qu'ils devaient couler à fond ou nager avec le maître ; car pour eux comme pour lui, la seule chance d'impunité était dans cette seule victoire.

» Quand le chef pille, les subordonnés pillent à l'envi.

» L'empereur et son ministre de la guerre ont vu qu'ils ne pouvaient compter sur les hommes et les ressources qu'ils croyaient posséder.

» Il se trouva que les vivres et les munitions manquaient pour opérer le mouvement de passage de la frontière ; de là le retard de l'attaque et les désastres qui ont suivi.

» Je vous livre le récit tel que je le tiens de personnes en position de savoir ce qui s'est passé « derrière le rideau.

» Ce qui le confirme dans ma pensée, c'est que beaucoup d'adhérents personnels qui ont occupé les postes officiels et ne possédaient aucune fortune privée avant l'empire, dépensaient notoirement le double de leurs appointements, et sont aujourd'hui propriétaires d'hôtels, de domaines et autres sources de revenus. »

De plus, il est constaté, par le dépouillement de sa correspondance privée, que le sieur Louis Bonaparte, empereur par la grâce de Dieu, traité de frère par les rois de l'Europe, d'auguste par le Pape, FAISAIT FABRIQUER DE FAUX BILLETS DE BANQUE !

Le sieur Louis Bonaparte est maintenant le prisonnier de Guillaume, auquel il a rendu lâchement son épée ; mais, après la victoire, il faudra que la Prusse nous le rende. L'affreux coquin a un compte à régler avec la justice.

Nous ne demanderons pas qu'on analyse trait par trait sa vie infâme; ce serait un intolérable spectacle que la mise en lumière de tous les forfaits de cet homme. *Il suait le crime.*

On en finira sommairement avec César-Histrion, en lui appliquant tout simplement la loi, la loi édictée par lui-même au palais de Saint-Cloud, le 9 juin 1857.

L'article 209 est ainsi conçu :

« Est puni de mort, avec dégradation militaire, tout gouverneur ou commandant qui, mis en jugement après un conseil d'enquête, est reconnu coupable d'avoir capitulé avec l'ennemi et rendu la place qui lui était confiée, sans avoir épuisé tous les moyens de défense dont il disposait, et sans avoir fait tout ce que prescrivaient le devoir et l'honneur. »

Paris. — Imprimerie Paul Jacquet, 11, Faubourg Montmartre.